AF360931

GASTON BERGERET

JOURNAL D'UN NÈGRE

A

L'EXPOSITION DE 1900

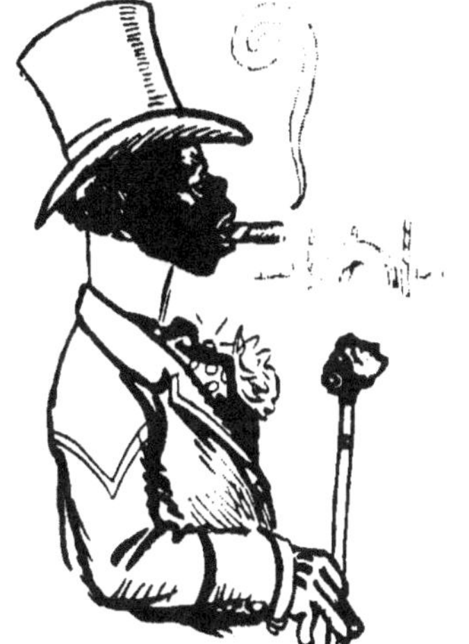

PARIS

LIBRAIRIE L. CONQUET

L. CARTERET et Cie, Successeurs

5, RUE DROUOT, 5

1901

JOURNAL D'UN NÈGRE

A

L'EXPOSITION DE 1900

DÉTAIL DU TIRAGE

100 exemplaires sur japon.
300 exemplaires sur vélin non mis dans le commerce

EXEMPLAIRE OFFERT

à M *du Dépôt Légal*

Texte imprimé par A. LAHURE
Gravures de MM. DUCOURTIOUX et HUILLARD

GASTON BERGERET

JOURNAL D'UN NÈGRE

A

L'EXPOSITION DE 1900

SOIXANTE-DIX-NEUF AQUARELLES ORIGINALES DE

HENRY SOMM

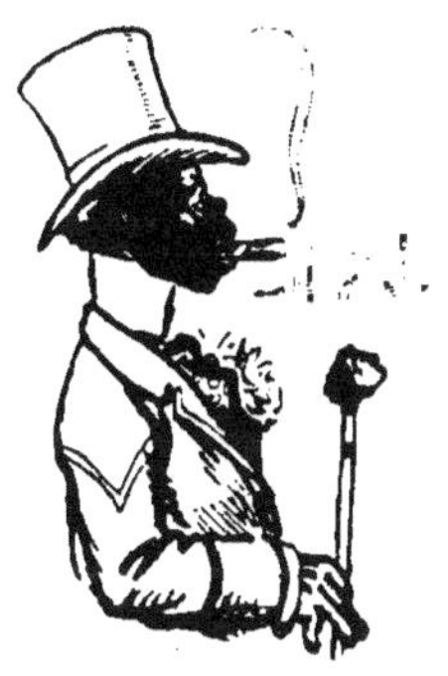

PARIS

LIBRAIRIE L. CONQUET

L. CARTERET et Cie, Successeurs

5, RUE DROUOT, 5

1901

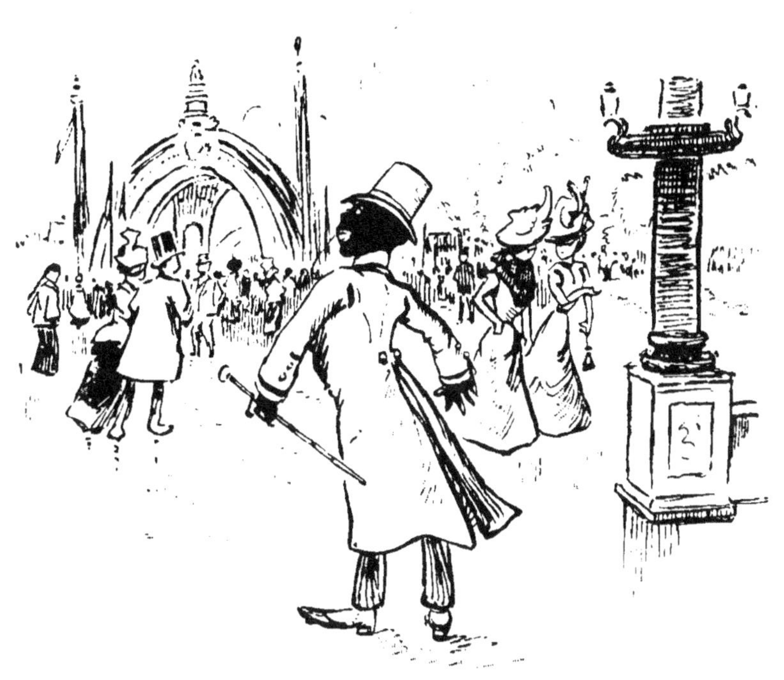

Quand on arrive sur la place de la Concorde, on comprend tout de suite en voyant
la Porte Monumentale qu'elle ne peut donner
accès qu'à quelque chose d'immense.

La porte est très large pour qu'il puisse
entrer beaucoup de monde à la fois; on est
même obligé de fermer la plupart des gui-

chets parce qu'il n'y a pas assez de monde pour passer dans tous. Et elle est très haute pour qu'en passant sous la voûte le peuple se sente grand.

Pourquoi y a-t-il une voûte, puisque personne ne s'arrête dessous? C'est pour montrer de quoi est capable l'art de la voûte, comme il y a devant la porte deux grands piliers qui ne supportent rien, pour montrer qu'on sait faire des piliers.

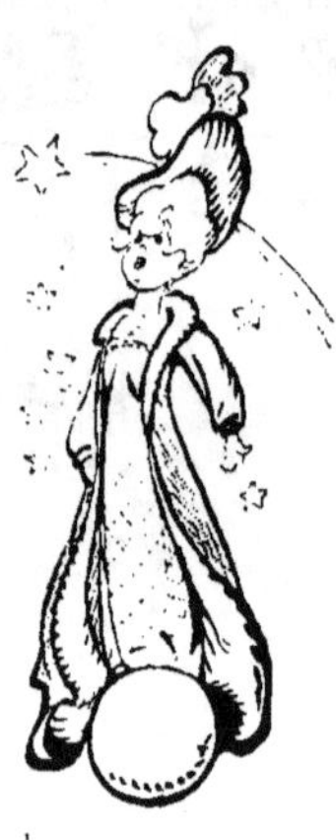

La Parisienne qui est au-dessus de la porte a un joli mouvement, très expressif; elle a bien l'air d'inviter les passants à entrer chez elle.

Une fois de l'autre côté, j'ai été surpris de ne rien voir; je croyais entrer dans l'Exposition, et il n'y avait rien d'exposé que les arbres du Cours-la-Reine. On m'a expliqué que ce n'est pas par là qu'il faut entrer pour voir quelque chose. Il y a d'autres portes.

Celle-là, c'est seulement pour passer dessous.

On finit tout de même par rejoindre le pont Alexandre III. Mais quand on est sur le pont, naturellement, on ne le voit pas. Pour le voir, il faut sortir de l'Exposition.

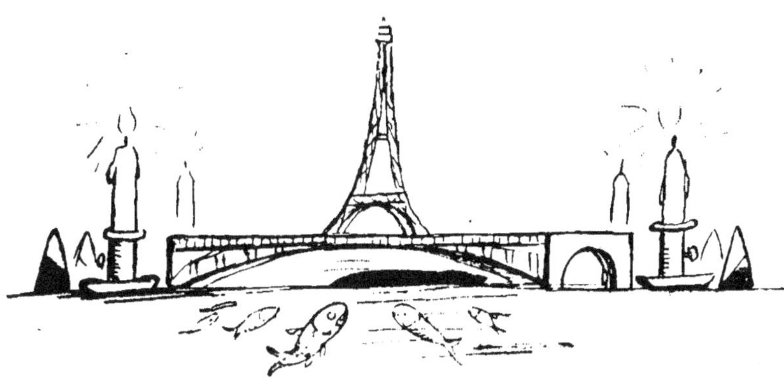

Le Petit Palais est très joli, mais le Grand est plus amusant : quand on le regarde du dehors, on croit qu'il est en pierre, et quand on y entre, on voit qu'il est en fer. Je n'avais jamais vu autant de tableaux réunis dans un même édifice. Il y en a qui ont été faits par des peintres, d'autres par des petits enfants ou par des sauvages. Seulement, il y en a tant qu'on ne peut pas les regarder tous. J'ai pris le parti de passer dans toutes les salles, sans regarder les tableaux. Il s'en dégage une 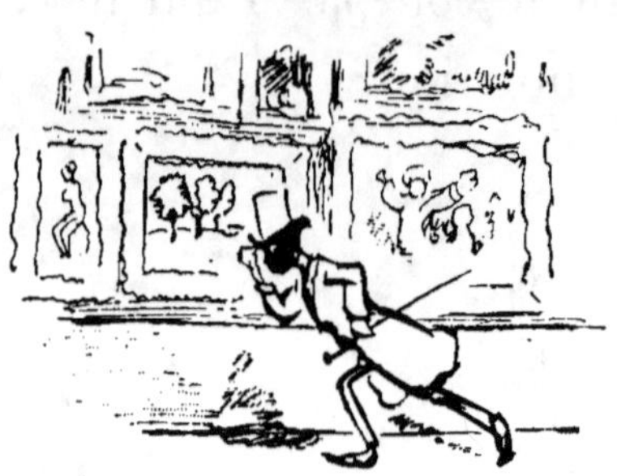 impression générale qui donne la tonalité de chaque pays. Je n'ai pas distingué les sujets et je ne connais pas les noms des auteurs, mais j'ai une idée sommaire de l'art chez tous les peuples. C'est tout ce qu'on peut demander à une exposition universelle.

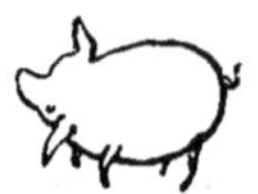

Les deux palais et le pont auraient pu être laissés en dehors de l'Exposition. Sur le pont, livré à la circulation, seraient passés des piétons, des voitures et des chevaux, ce qui est tout naturel pour un pont. Et l'on aurait d'autant mieux apprécié les deux palais s'ils avaient été affectés tout de suite à leur destination définitive. Mais alors il n'y aurait pas eu de raison pour faire une porte monumentale sur la place de la Concorde.

Et puis l'Exposition n'aurait pas été assez grande. Une exposition doit toujours être plus grande que la précédente. Il viendra un jour où l'Exposition sera Paris. Ce sera une économie : on n'aura plus besoin de clôture en planches. Les Parisiens ne payeraient pas pour entrer à l'Exposition puisqu'ils seraient dedans, mais ils donneraient un ticket pour en sortir. Ils seraient tout à la fois exposants, exposés et visiteurs, et l'on n'aurait plus la douleur de constater que l'affluence diminue.

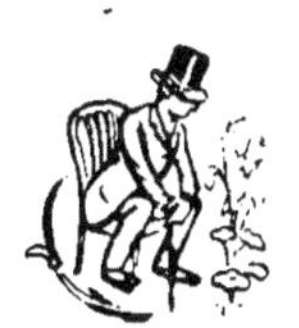

Les gens qui ne veulent pas prendre l'Exposition au sérieux ont affecté de comparer la rue de Paris à la foire de Saint-Cloud, parce qu'on y voit des baladins qui font le boniment sur des tréteaux : ils n'ont pas compris ce qu'il y a d'intéressant pour l'histoire dans la reconstitution archéologique de la genèse des réjouissances foraines. Quel est l'érudit qui peut rester froid devant les enseignements du palais de la Danse ou devant l'évocation des Bonshommes Guillaume? Toute cette rue est peuplée de saltimbanques d'art; ils prouvent assez leur désintéressement en persistant à jouer devant un public qui ne s'arrête pas.

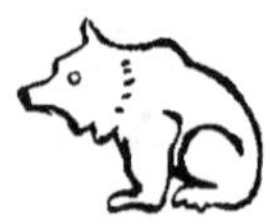

C'est là aussi, pour le contraste, que se
trouve le palais des
Congrès. A-t-on assez

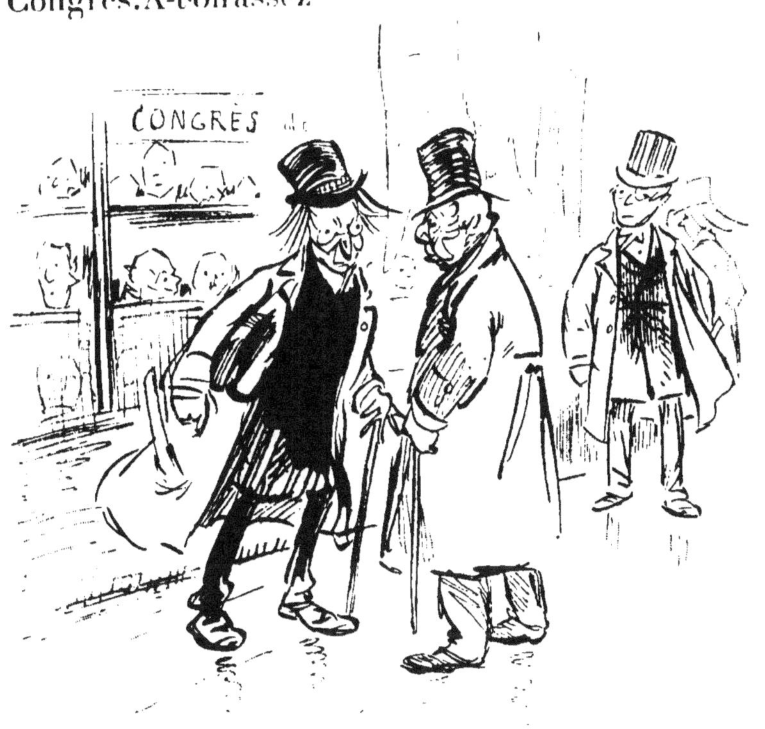

bien compris tout ce qu'il y avait d'ingénieux
et de profond dans l'idée de réunir tous les
congrès dans le même palais? Si l'on avait pu
les y réunir tous le même jour, c'eût été

encore plus beau : on aurait vu les représentants de toutes les sciences et de tous les arts, venus de tous les points de l'univers, tenir devant un immense public les assises de la pensée.

Les congrès partiels sont déjà très féconds.

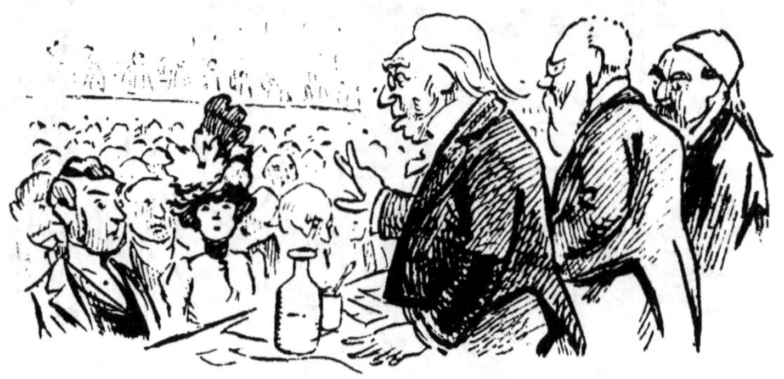

Tous les hommes qui s'occupent du même ordre de questions, quelle que soit leur nationalité, se réunissent pour discuter les problèmes économiques et sociaux à l'ordre du jour. Ne parlant pas la même langue, ils ne peuvent se comprendre, mais comme leurs discours seront traduits, chacun pourra plus tard, une fois rentré chez lui, lire la traduction de ce qu'ont dit les autres, et il aura le légitime orgueil d'avoir coopéré à cette communion des intelligences humaines.

Le pavillon de la Ville de Paris offre un tableau de la vie de cette grande capitale. On

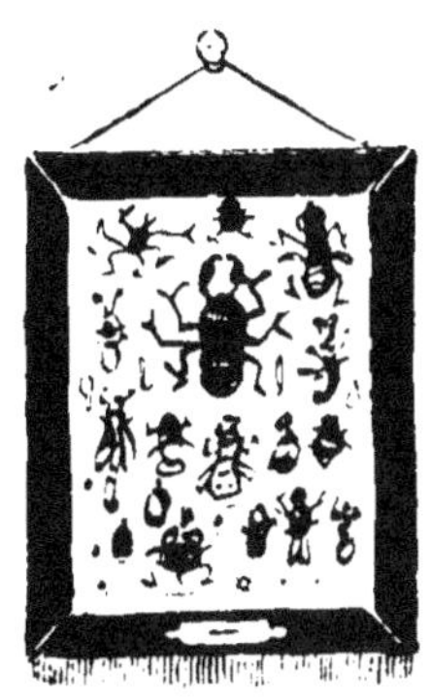 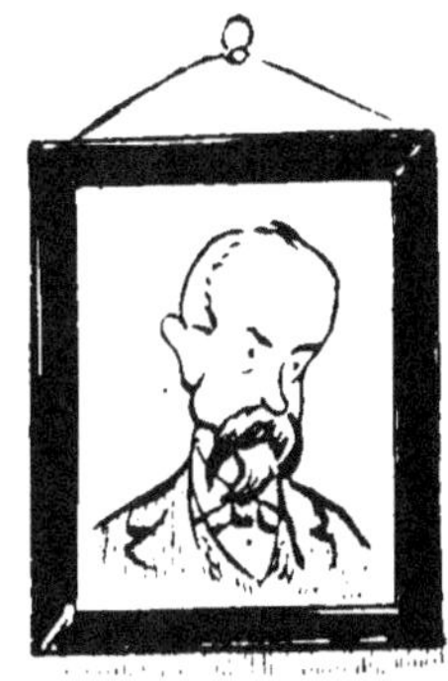

y voit, par exemple, une table d'écolier, un lit d'hôpital, une porte de prison, des échantillons d'eau, les portraits de divers microbes et ceux de tous les préfets de police.

On y voit aussi une importante collection de documents, imprimés ou manuscrits, qu'on peut consulter. On ne les consulte pas, parce qu'il faut tout voir : si l'on s'arrêtait six mois dans un pavillon, on ne verrait pas les autres. D'ailleurs on les consulterait plus commodément et avec plus de fruit dans une bibliothèque. Mais on est content de savoir qu'ils sont là, de les regarder, et de se dire qu'on pourrait les étudier si on le voulait.

C'est comme l'exposition d'Économie sociale. Toutes les conceptions des penseurs, tous les efforts intellectuels des économistes

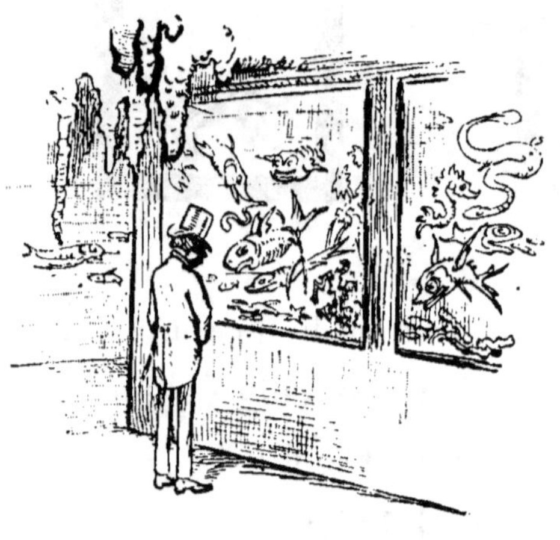

qui travaillent au bien de l'humanité sont concentrés dans une salle. J'ai regretté de ne pas compulser ces brochures, ces atlas, ces graphiques et ces statistiques qui sont bourrés d'enseignements précieux, mais je voulais voir l'Aquarium.

On peut y observer des plantes et des ani-

maux qui habitent probablement le fond de
la mer, puisqu'on ne les voit jamais sur terre.
Ils ont des formes singulières. L'eau est vrai-
ment salée.

Il y a aussi des plongeuses, qu'on fait passer
pour des sirènes. Mais il ne faut pas croire,
comme les gens de la campagne, qu'elles
nagent réellement dans l'eau : je les ai vues
sortir du bain, et elles n'étaient pas mouillées.
Il y en a même une qui m'a offert son adresse
et m'a demandé la mienne : elle plonge à
domicile.

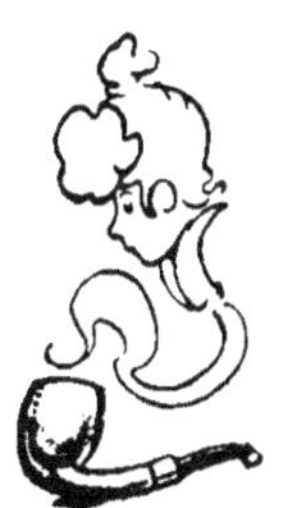

Ce spectacle est instructif : il donne
une idée de ce que pouvaient être les sirènes de la mythologie.

Les Serres de la ville de Paris sont belles;

on y a mis beaucoup de plantes et des fruits très gros, mais on ne s'est pas fatigué l'es-

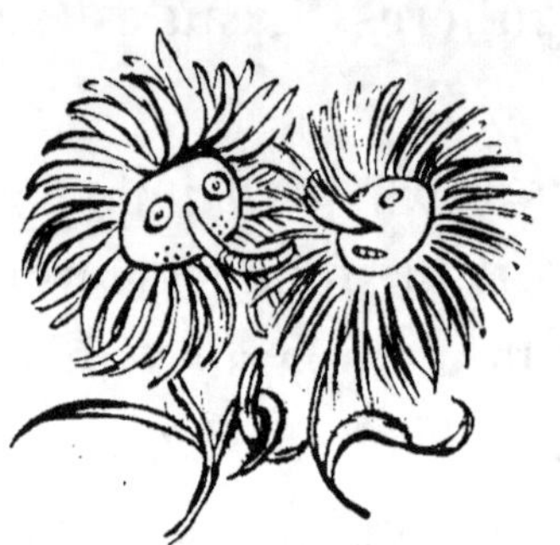

prit à chercher quelque chose de nouveau : on s'est contenté d'exposer des roses et des pi- voines, des fraises et des asperges, que tout le monde connaît. Le pu- blic dit : « Oh! la grosse poire! Ah! le beau melon! » Mais il n'apprend rien, et il aime à s'instruire. J'aurais voulu y trouver des plantes de tous les pays. Dans le mien, par exemple, il y a des noix de coco excellentes.

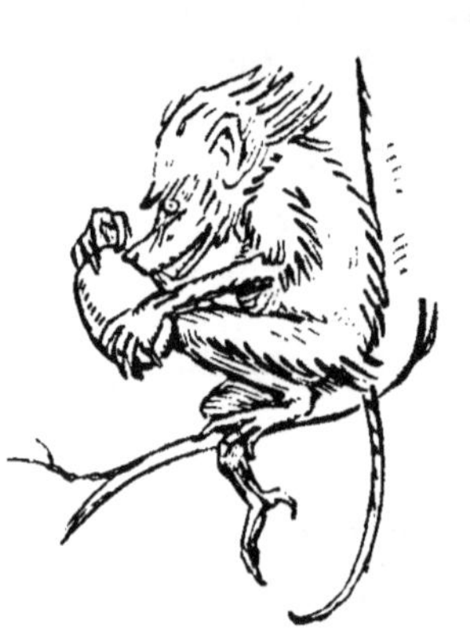

Le Vieux Paris est char- mant à voir de l'autre rive. Avec un peu d'imagina- tion, on se croirait trans- porté dans l'ancien temps. Mais les visiteurs qui y pénètrent pour l'étudier en détail risquent de se faire une idée un peu fausse de ce qu'était Paris autrefois. Les habitants et les habitantes de ce décor, malgré leurs costumes, ne sont pas assez du temps pour faire complètement illusion, surtout quand ils parlent.

On n'a pas permis aux organisateurs de faire figurer dans les carrefours du Vieux Paris un pendu accroché à une lanterne, bien qu'ils prissent l'engagement de n'employer à cet usage que des mannequins 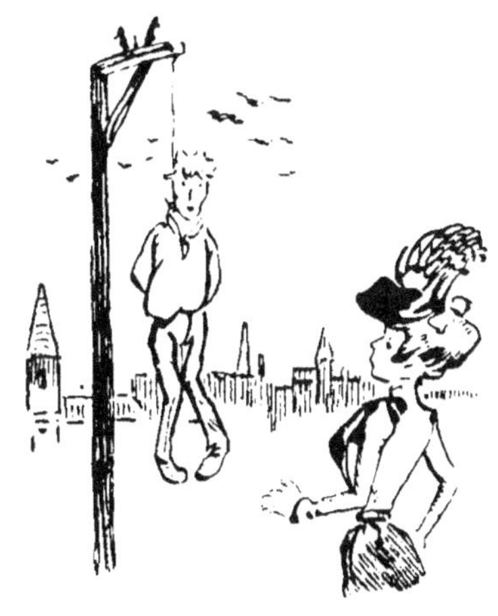 habillés ayant seulement l'apparence de vrais pendus. C'eût été intéressant comme reconstitution historique, mais on a craint de provoquer des accouchements prématurés.

Comment pourrait-on nier que l'Exposition rapproche les peuples? Il y a au Trocadéro une ferme Boër tout à côté d'un pavillon du Cap, qui est une colonie anglaise. Cependant, les Anglais et les Boërs ne s'y battent pas comme au Transvaal.

Il suffit qu'ils soient dans l'Exposition pour qu'ils s'abstiennent de donner au monde le spectacle des horreurs de la guerre.

L'Exposition, c'est la paix.

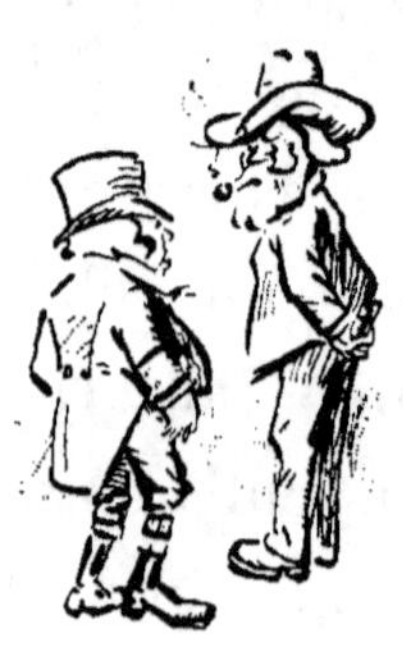

Dans cette grande manifestation de fraternité internationale, les Chinois eux-mêmes peuvent exposer librement leurs produits et leurs personnes : on ne tire pas leurs nattes et on ne brûle pas leurs étalages.

Du moment où ils sont exposants, ils deviennent sacrés.

Cela devrait leur donner envie de devenir

Français, au lieu de s'entêter à rester Chinois.

Pour la danse du ventre, c'est l'Égypte qui détient le record. On m'avait dit que cette danse était de nature à surexciter certaines passions, et je suis allé la voir dans l'intention d'éprouver des frémissements défendus.

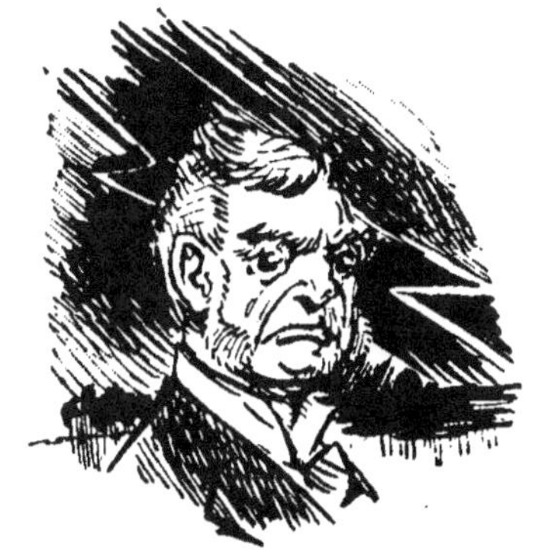

J'avoue que j'ai eu une déception. Il paraît que dans les harems l'objet principal de la danse est de figurer les états d'esprit successifs par lesquels passe la femme qui cherche à se rendre agréable; la danse du ventre ainsi comprise pourrait avoir quelque chose de savoureux.

Mais on a tenu, sur la demande du Sénat, à enlever aux mouvements de la danseuse tout ce qui avait un caractère voluptueux.

Et comme il faut cependant, pour exécuter la danse du ventre, faire quelque chose avec son ventre, les almées en sont réduites à des exercices de dislocation abdominale qu'on peut faire voir sans danger à des collégiens de douze ans; loin de se sentir excité à la débauche, on a soi-même mal au ventre en regardant les efforts de ces houris contrôlées.

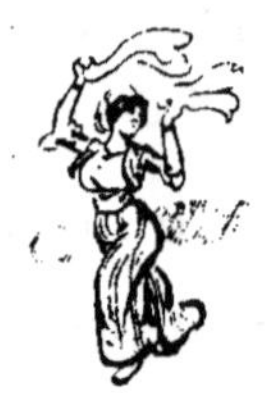

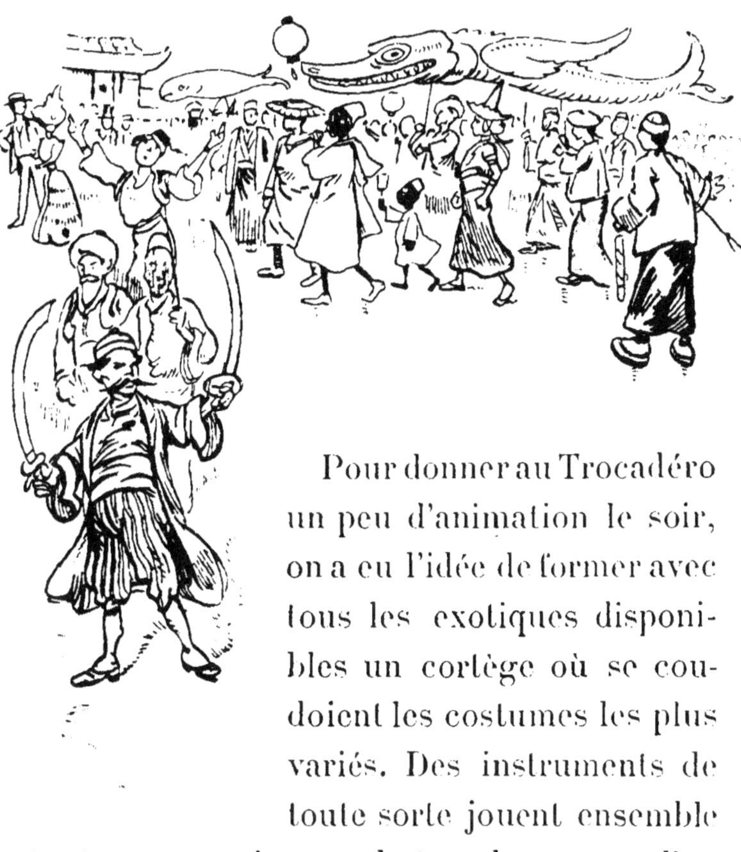

Pour donner au Trocadéro un peu d'animation le soir, on a eu l'idée de former avec tous les exotiques disponibles un cortège où se coudoient les costumes les plus variés. Des instruments de toute sorte jouent ensemble les hymnes nationaux de tous les pays, et l'on porte en grande pompe des dragons, des crocodiles et des fétiches qui rappellent les fêtes guerrières de ces peuples lointains. Quelques sections avaient manifesté le désir d'y promener des têtes humaines au bout de piques, ce qui aurait donné à ces réjouissances un caractère d'actualité saisissant.

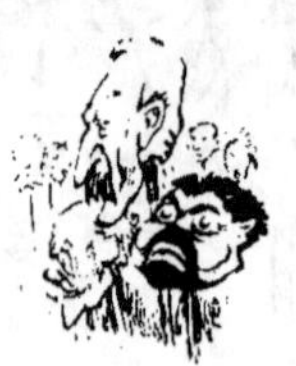

L'administration a estimé, avec raison, qu'une telle exhibition serait de mauvais goût et pourrait éveiller des susceptibilités.

Ce scrupule n'a rien que d'honorable.

J'ai voulu comparer les produits similaires des différents pays.

C'est pour cela que l'Exposition est faite.

Il ne suffit pas de se promener, le nez en l'air, dans les galeries et dans les pavillons : il faut faire des rapprochements.

Par exemple, j'ai vu dans des bocaux du café de l'île de la Réunion : je l'ai bien regardé, et puis je suis allé voir dans leurs pavillons respectifs le café de Moka et tous les autres cafés. Ensuite j'ai fait la même chose pour les vanilles, pour les bois, pour les froments, pour les bouteilles de rhum, pour les cacaos, pour tous les produits des colonies.

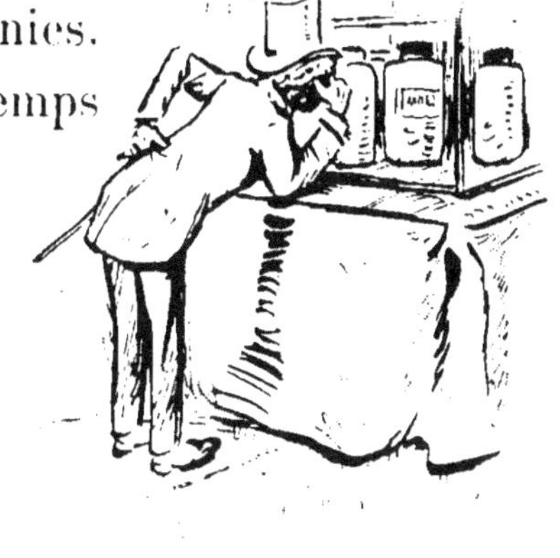

Cela m'a pris du temps et m'a fatigué, mais ne m'a pas servi à grand'chose. Je crois que c'est parce que, si j'ai pu comparer les produits des divers pays entre eux, je n'ai pas pu les comparer avec ce qu'ils étaient il y a dix ans; et alors je n'étais pas en mesure d'apprécier les progrès réalisés.

C'est tout de même un travail bien intéressant, et j'ai été étonné de voir que peu de personnes s'y livraient.

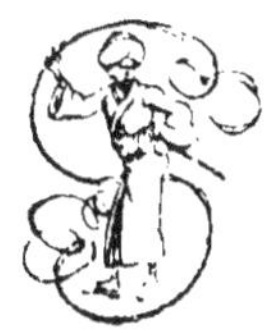

C'est au Trocadéro que sont les principales attractions. Ce qui est surtout charmant dans cette partie de l'Exposition, c'est l'aimable abandon qui y règne. Tout le monde s'y sent en liberté, et j'y ai rencontré souvent de fort jolies personnes qui, me prenant pour un exposé, ne craignaient pas de m'adresser la parole de la façon la plus obligeante. Il y

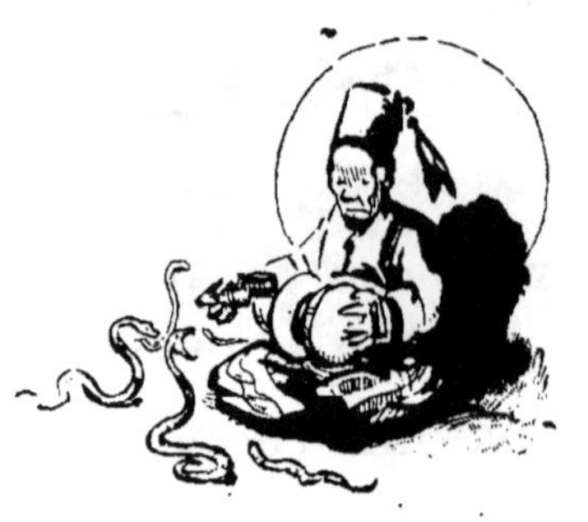

a même une dame de Montmartre qui m'a embrassé, me prenant pour son frère.

Les Algériens ont bâti tout un quartier, où ils sont comme chez eux : ils fabriquent devant le public, ils trouvent même le moyen de vendre quelquefois des choses très laides de leur pays, et ils sont d'une familiarité étonnante avec les femmes : ils leur donnent de petits noms d'amitié, les tutoient et les retiennent par le bras ou par la jambe.

Elles se laissent faire parce que c'est un trait de mœurs.

Je n'aurais jamais cru qu'un pays aussi grand et aussi peuplé que l'Algérie pût vivre des ressources que lui procure la production des pastilles du sérail et des roses de Jéricho.

Je n'ai pu trouver dans aucun restaurant du couscoussou, du lait de chamelle ou de l'eau-de-vie de dattes; il n'y a que du filet aux pommes et des bocks. Cela prouve que la cuisine française est la meilleure de toutes, puisque tous les peuples l'adoptent.

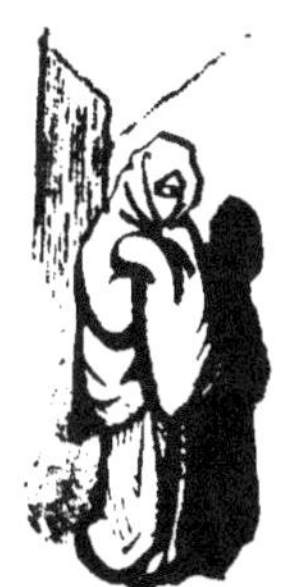

Beaucoup de personnes se sont étonnées de ne pas voir de femmes arabes. Cela prouve, au contraire, avec quel soin l'Exposition a été préparée. Puisqu'en Algérie les femmes arabes ne se laissent pas voir, une Algérie où l'on verrait des femmes arabes serait une fausse Algérie. Il y en a peut-être, mais on les cache.

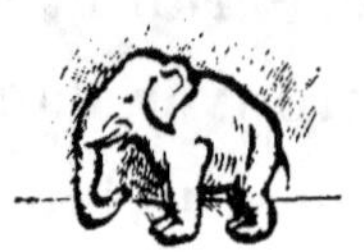

C'est comme l'éléphant blanc de Siam. Il est dans une pagode dont l'intérieur est pavé de pierres précieuses, et des Siamois de première classe passent leur journée à le peigner. Seulement, on ne peut pas le voir, parce que c'est un animal sacré qui ne doit jamais paraître aux yeux du public.

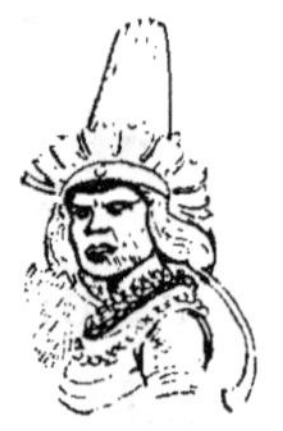

Les vieilles colonies, comme la Martinique et la Guadeloupe, sont en pleine décadence, parce qu'elles sont encore infestées de créoles. On y voit cependant quelques mulâtresses qui ont une jolie manière de se camper le madras sur l'oreille.

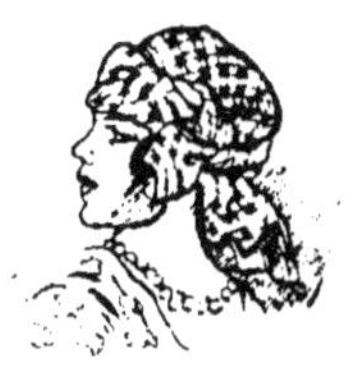

La France est supérieure à tous les autres peuples par le nombre des nègres qui peuplent ses colonies. Aussi quelle ravissante exposition coloniale! On y voit des nègres de toutes les couleurs. Ceux du Sénégal sont les plus noirs, et ils ont de beaux torses luisants devant lesquels les Parisiennes s'arrêtent avec un sentiment qui n'est pas douteux.

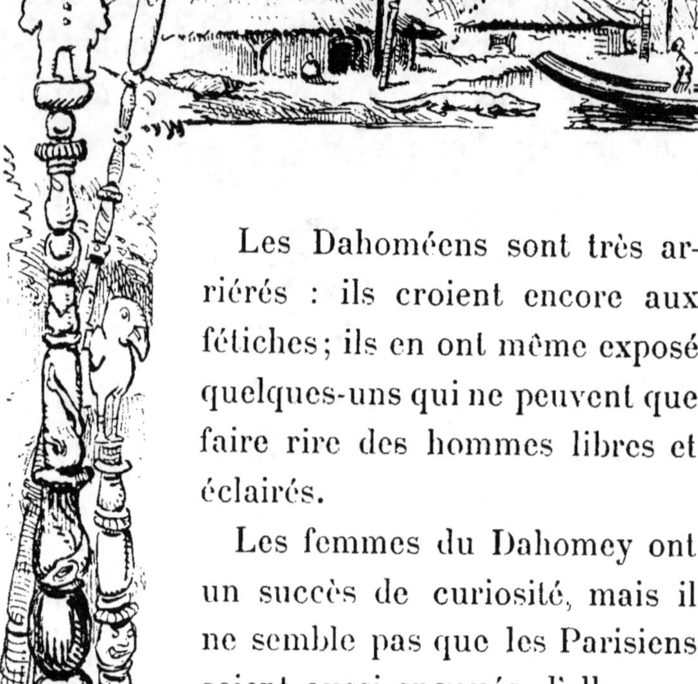

Les Dahoméens sont très ar-
riérés : ils croient encore aux
fétiches; ils en ont même exposé
quelques-uns qui ne peuvent que
faire rire des hommes libres et
éclairés.

Les femmes du Dahomey ont
un succès de curiosité, mais il
ne semble pas que les Parisiens
soient aussi engoués d'elles que
les Parisiennes le sont de mes
concolores. Je ne sais pas pourquoi.

Il y a des noirs, et cela ne
m'étonne pas, qui refusent tous

les jours des offres magnifiques. D'autres fois, ils les acceptent.

Les produits des colonies d'Afrique ne sont pas moins admirables que leurs habitants : c'est là que la France se fournit de toute la poudre d'or et de toutes les dents d'éléphant qu'elle consomme. On voit faire, à l'Exposition même, des bagues en filigrane d'argent qui sont d'un art très pur.

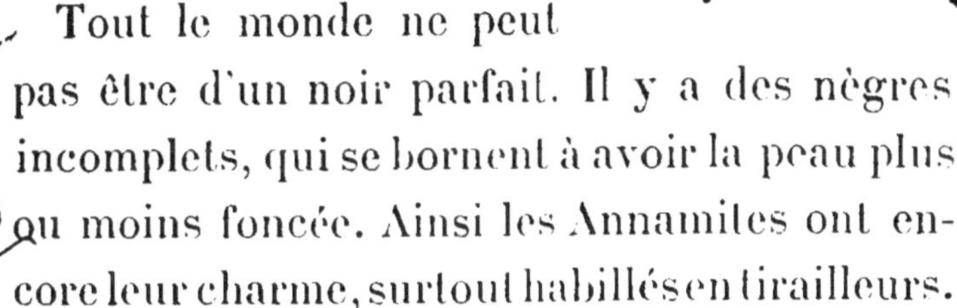

Tout le monde ne peut pas être d'un noir parfait. Il y a des nègres incomplets, qui se bornent à avoir la peau plus ou moins foncée. Ainsi les Annamites ont encore leur charme, surtout habillés en tirailleurs.

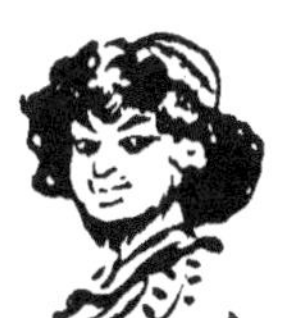

En général, les Français ont du plaisir à voir habillés en soldats les habitants de leurs colonies ; ils les encouragent à bien faire l'exercice et leur offrent même des rafraîchissements ou de l'argent, parce qu'ils espèrent se décharger sur eux, un jour ou l'autre, des obligations du service militaire.

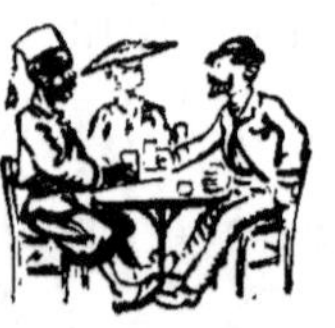

Les Indo-Chinois ne sont d'ailleurs pas à mépriser au point de vue de l'art : ils ont exposé des meubles d'un travail délicat et des pagodes qu'on aurait plaisir à conserver, si l'on pouvait conserver quelque chose de l'Exposition. Mais il vaut mieux tout démolir chaque fois, et tout recommencer à nouveau, pour faire aller le commerce. Je regrette même qu'on ne détruise pas, à la fin de l'Exposition, tous les objets exposés.

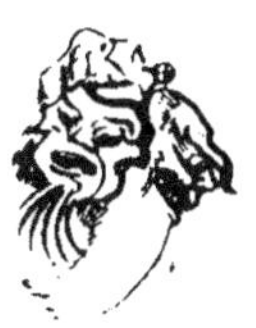

Les danseuses cambodgiennes attirent naturellement beaucoup de monde : leur façon de danser lentement laisse le temps au spectateur de jouir de leurs formes, et elles y déploient une grâce étonnante pour des femmes qui ne sont pas d'ici.

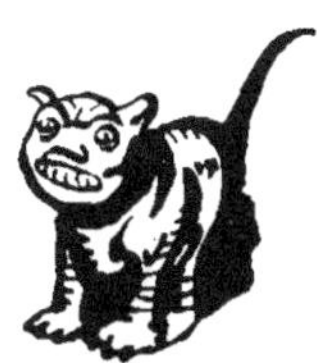

Il y en a une surtout qui, sous le pseudonyme de Cléo, procure une sensation très exacte du Cambodge. On s'y croirait.

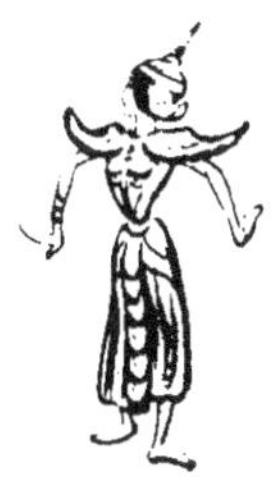

En entrant dans le palais des Armées de terre et de mer, on est pris de pitié pour les peuples primitifs qui se servent encore de haches ou de flèches empoisonnées. Les engins de destruction en usage dans les nations civilisées sont de véritables bijoux ; des obus coupés en deux font voir comment ils sont à l'intérieur : les balles sont rangées avec le plus grand ordre dans des compartiments de cuivre poli. Les canons et les mitrailleuses sont très propres, même luxueux. Cependant, je me méfie ; j'ai une vague idée que les gouvernements, au moins les gouvernements étrangers, n'ont pas exposé ce qu'ils ont de mieux et réservent leurs découvertes pour le champ de bataille. C'est pourquoi il serait sage de ne distribuer les médailles qu'après la prochaine guerre.

D'ailleurs, si j'étais juré, je ne m'en rapporterais pas à ce qu'on me dit. Quand on me

montrerait un canon qui porte à vingt kilomètres, je le ferais tirer et j'irais voir l'effet.
Tous les canons peuvent dire qu'ils portent à
vingt kilomètres.

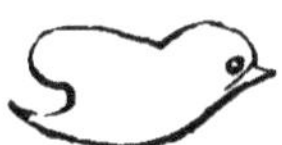

Ce qui donne bien l'impression des progrès
de la science, c'est le palais de l'Optique. Je
suis entré dans une salle
triangulaire dont les murs
sont miroirs : mon image
y était reproduite je ne
sais combien de fois; je
voyais autour de moi plus
de trois cents nègres. On
ne peut pas s'imaginer
comme c'est joli.

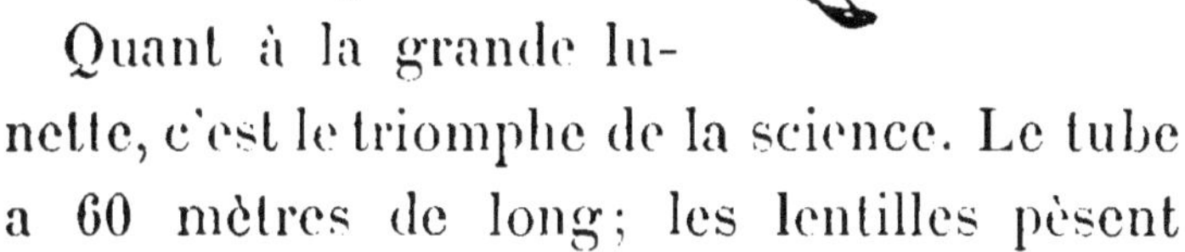

Quant à la grande lu-
nette, c'est le triomphe de la science. Le tube
a 60 mètres de long; les lentilles pèsent

100 000 000 de kilogrammes, ou 100 000 kilogrammes, je ne me rappelle pas au juste.

Il y a des ignorants qui veulent regarder dedans. Ils s'imaginent qu'ils verraient quelque chose. D'abord, si on laissait chaque visiteur regarder dans la lunette pendant cinq minutes seulement, il faudrait six cents ans pour faire passer tous les visiteurs de l'Exposition de 1900, sans compter ceux qui se présenteraient d'ici à six cents ans. Alors il est plus simple de ne laisser personne regarder.

Mais il est facile de comprendre que, si l'on fait une photographie de la lune, qu'on l'agrandisse et qu'on agrandisse ensuite l'agrandissement, on finira forcément par voir la lune à 1 mètre.

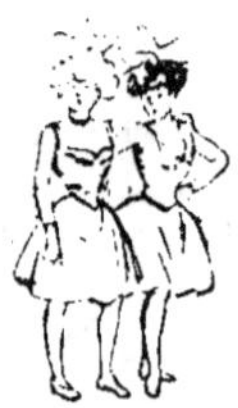

En attendant, on voit à l'œil nu une étoile

double, représentée par deux jolies femmes peu habillées.

Maintenant, il faut bien reconnaître que l'Exposition de 1900 ne s'est pas distinguée par une de ces idées géniales telles que la tour Eiffel. Ce n'est pas la faute du commissaire général : il l'aurait peut-être inventée si on ne l'avait pas inventée avant lui. Ou plutôt non. Un homme seul ne pourrait pas avoir une pareille idée ; il y a fallu le concours des intelligences de tout un peuple. Et il y avait des Vandales qui parlaient de détruire ce chef-d'œuvre, la gloire de la France! Une tour qui a 300 mètres! C'est admirable. Et non pas bâtie sur une hauteur, comme les autres tours, mais bâtie dans un fond! Mon seul regret est qu'on n'ait pas pensé à la mettre à cheval sur la Seine : deux pieds sur la rive droite, deux pieds sur la rive gauche. Du haut, on aurait vu couler la Seine entre ses jambes.

Car on peut monter dessus. j'y suis monté,

et ce qu'on éprouve là-haut est incomparable.

Il y a 2 500 000 habitants à Paris. Eh bien, à moi tout seul, j'étais de 500 mètres au-dessus de tout ce monde-là. C'est magnifique.

On n'en tire pas tout le parti qu'on pourrait. Il avait été question de la draper de velours rouge, avec des crépines d'or. Alors le président de la République pourrait monter sur la troisième plate-forme pour assister aux revues ou pour ouvrir les sessions du Parlement. Ce serait d'un effet grandiose.

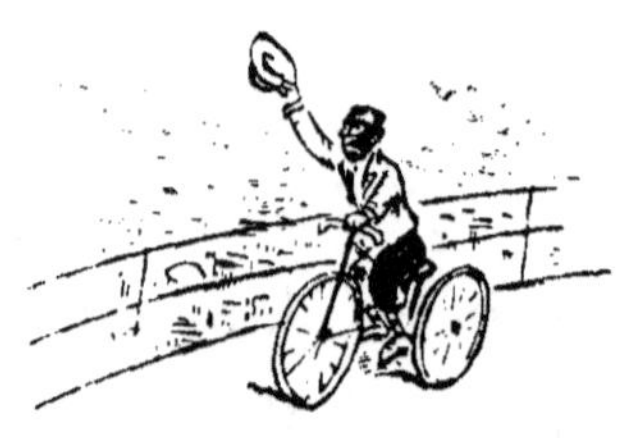

On pourrait aussi établir en spirale une piste pour courses de bicyclettes. Aller en bicyclette au haut de la tour Eiffel, ce serait bien la synthèse de cette fin de siècle.

Les personnes qui aiment les panoramas n'ont pas à se plaindre : on en a mis partout.

Il y en a où le panorama est fixe ; c'est le visiteur qui se promène devant.

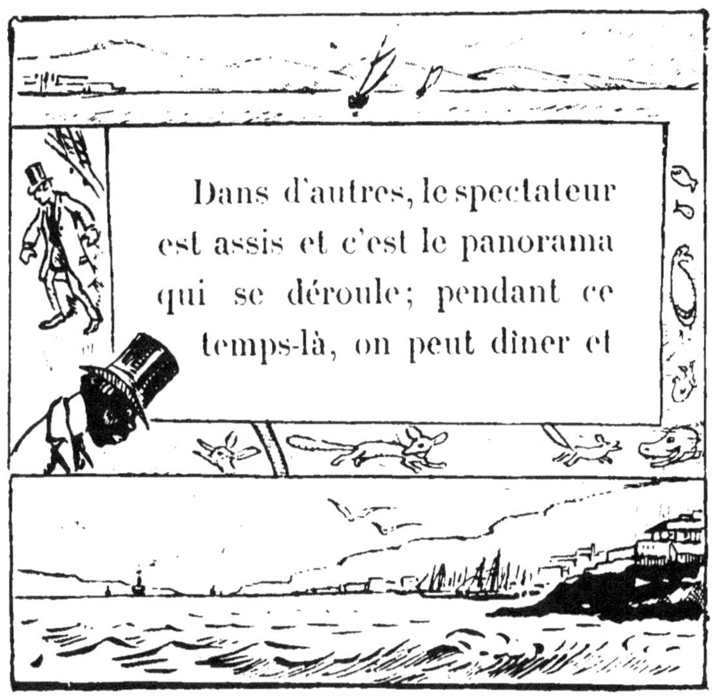

même dormir. C'est la façon la plus agréable de faire, par exemple, le trajet de Moscou à Pékin, sans fatigue et sans danger. Quand on a fait ce voyage-là, on connaît sa Sibérie sur le bout du doigt.

Ce n'est pas encore ce qu'il y a de plus fort. On a trouvé moyen de s'arranger pour que le panorama et le spectateur remuent tous les deux. Le panorama se contente de se dérouler, mais le spectateur est sur le pont d'un navire qui est comme ballotté par les flots. Il ne faut pas croire, comme le supposaient des gens sans instruction qui y étaient avec moi, qu'il y ait réellement de l'eau sous le bateau. Non, c'est par un appareil d'horlogerie qu'on arrive à imiter dans la perfection le tangage et le roulis; le spectateur peut même, sans augmentation de prix, essuyer une tempête ou du moins être aussi malade que par une vraie tempête.

Il y a des gens qui cherchent le moyen de prévenir le mal de mer; en attendant, on a

trouvé le moyen de le procurer à des personnes qui
n'auraient pas le temps ou
l'argent nécessaires pour un
voyage maritime. C'est très
démocratique.

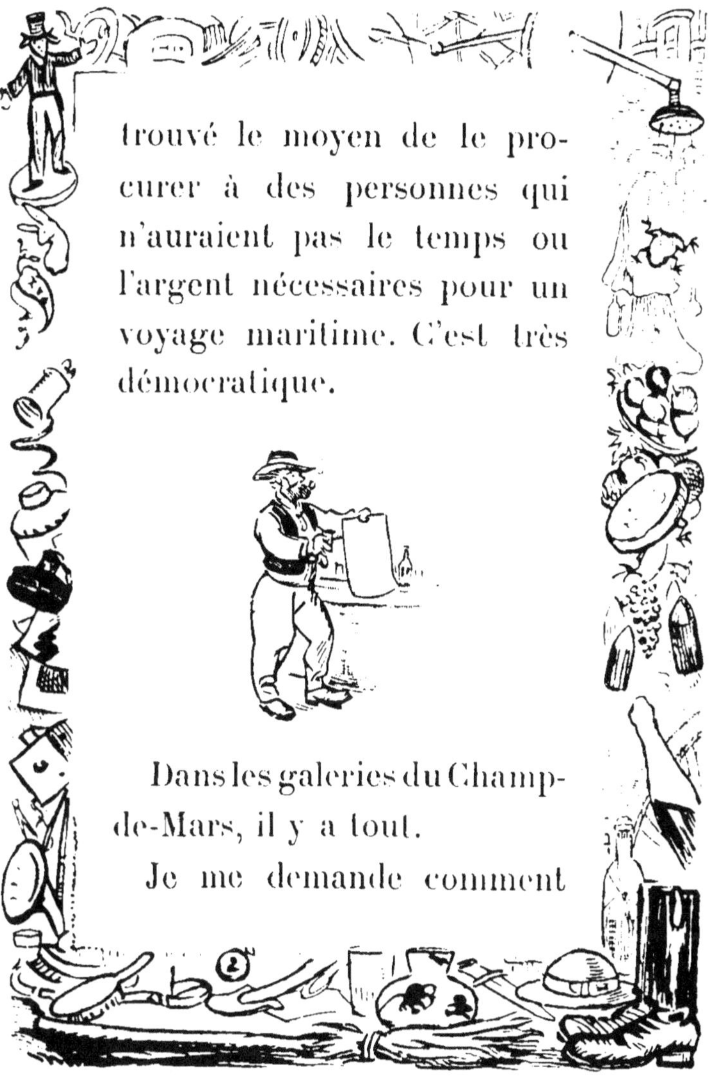

Dans les galeries du Champ-
de-Mars, il y a tout.

Je me demande comment

les jurys peuvent s'y reconnaître au milieu de cette accumulation d'objets. Je ne sais pas comment ils font pour attribuer les prix. Il y a, par exemple, de très jolis petits bateaux, propres et bien faits. Si l'on donne le prix au plus joli, c'est un prix de joujoux. Et qu'est-ce

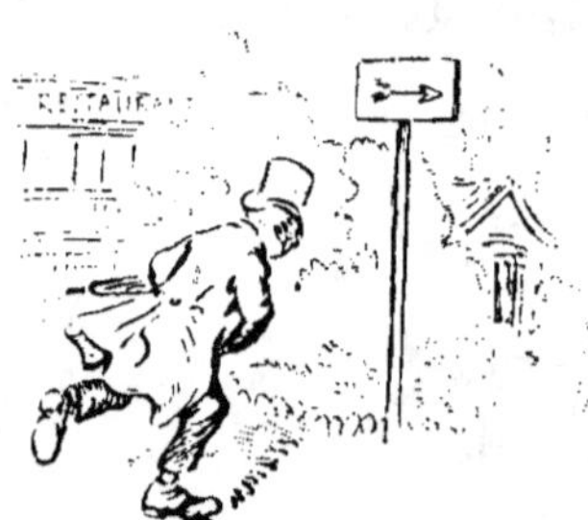

qui prouve que le grand bateau, celui dont le petit est censé une réduction, existe réellement? Le jury essaye-t-il les produits chimiques? Se rend-il bien compte par lui-même si c'est du bon acide prussique ou de la vraie mélinite qu'on lui présente?

Ce que tout le monde peut juger, c'est l'exposition des modes et confections.

Il y a une toilette de soirée pour aller à la Cour, — pas en France, — qui coûte trois cent mille francs, tout compris, même les gants.

C'est étonnant qu'on puisse donner à si bon

compte une toilette aussi distinguée. Je crois même que le patron donnerait le mannequin par-dessus le marché.

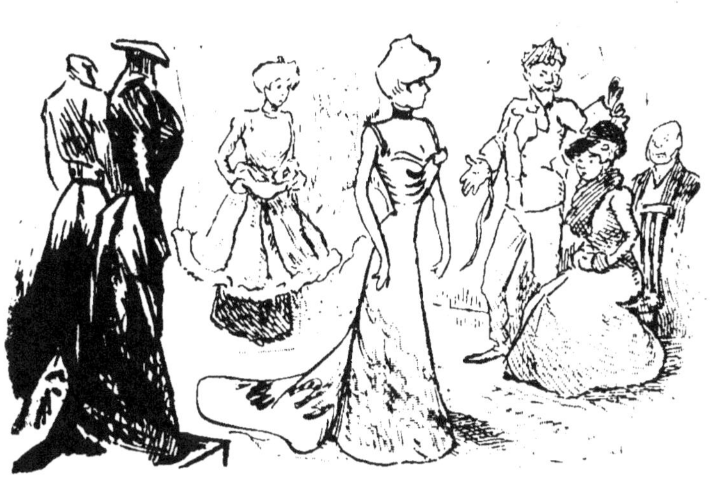

Quand on entre dans la galerie de l'Alimentation, on est frappé de la supériorité de l'homme. Quel est l'animal qui serait capable de consommer des choses aussi variées?

Les vins et les liqueurs notamment sont en si grande abondance que c'est à désespérer de connaître jamais les différentes espèces d'ivresse qu'ils sont capables de procurer. Je

trouve, quant à moi, cette exposition incom-
plète. Un produit n'est réellement exposé que

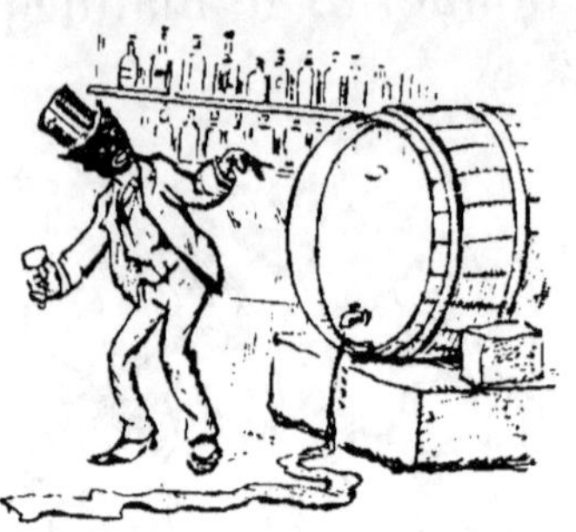

lorsqu'on peut apprécier
sa qualité : un vin dont
je ne goûte pas ne me
représente rien.

Il y a plus : les expo-
sants eux-mêmes pren-
nent soin de déclarer que
le contenu de leurs bouteilles est simple-
ment un liquide coloré. Alors ce n'est pas

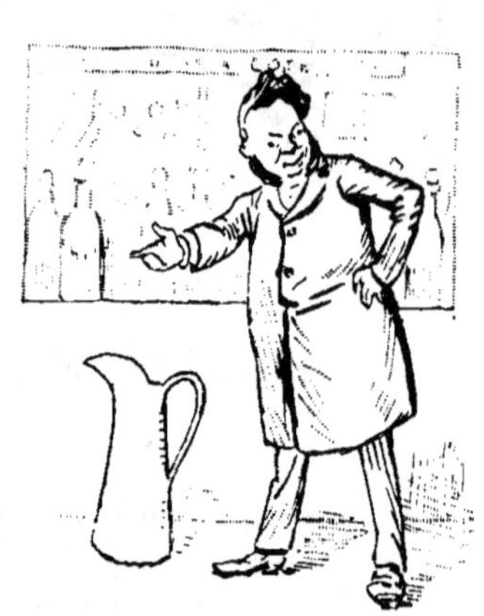

une exposition de vins,
c'est une exposition
de bouteilles et d'éti-
quettes. Il paraît qu'il
en est de même pour
les boîtes de conser-
ves : elles sont vides,
parce que le contenu
ne se conserverait pas.

Je n'ai plus confiance en rien. Quand je
vois une montre, je me demande si elle con-

tient un mouvement. Je soupçonne les locomotives de ne renfermer ni chaudière, ni tubes, ni pistons. Les fabricants se sont peut-être dit qu'il était bien inutile de mettre quelque chose dans leurs locomotives, puisqu'elles doivent passer leurs six mois d'exposition sans bouger.

Qui sait même s'il y a réellement des chiffres dans les documents de l'exposition d'Économie sociale!

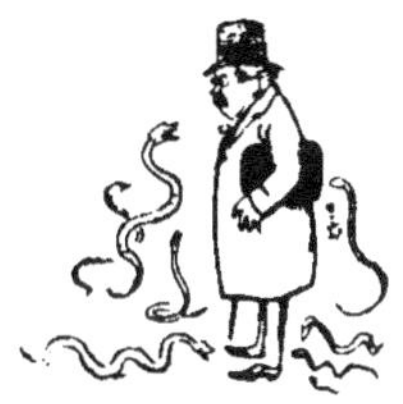

Tout cela malheureusement donne une apparence de raison aux ennemis de l'Exposition quand ils prétendent que tout n'y est que réclame et trompe-l'œil.

Il y a des gens qui se plaignent de l'insuffisance des moyens de transport. Évidem-

ment, il aurait été facile de multiplier les
services d'omnibus, de créer des trains pour
charrier les voyageurs aux heures de grande
affluence. Si on ne l'a pas fait, c'est parce
qu'on ne l'a pas voulu, et l'on a eu raison de
ne pas le vouloir.

Supposez des services organisés de telle
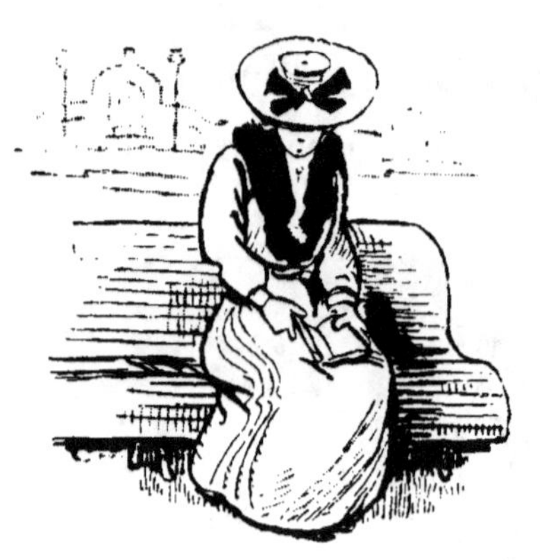
sorte qu'on aurait
trouvé de la place
dans les voitures al-
lant à l'Exposition et
qu'à la sortie la foule
aurait été évacuée au
fur et à mesure. Il est
possible que cela eût
été plus commode
pour les visiteurs. Mais comment aurait-on
su qu'il y a beaucoup de monde à l'Exposition?

Le système qu'on a adopté est bien plus
ingénieux.

Vers six heures du soir, il se présente en-

viron trois mille personnes à la fois pour un
omnibus à cinquante places, qui part tran-
quillement tous les quarts d'heure. Alors les
gens qui passent par là, voyant cette foule
énorme faire queue derrière un omnibus, se
disent : « Comme il y a du monde à l'Exposition! » Et cela leur donne envie d'y venir.

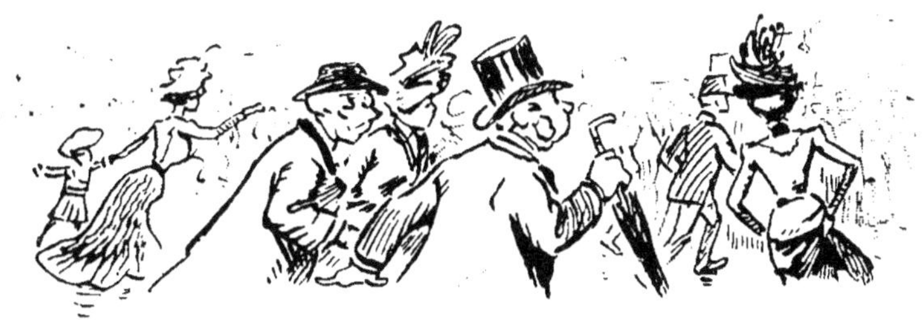

A l'intérieur, on n'a que l'embarras du
choix.

Il y a d'abord le chemin de fer électrique,
pour lequel ont été prises toutes les précau-
tions possibles, puisque à chaque pas on rencontre un écriteau portant l'avis : « Défense
d'approcher. Il y a danger de mort ».

Je préfère encore la plate-forme mobile, qui
est une des plus belles inventions du génie

moderne. Autrefois, c'était l'homme qui mar-
chait sur le chemin : nous avons si bien
dompté la matière que maintenant c'est le
chemin qui marche sous l'homme.

On a eu l'heureuse idée de faire passer la
plate-forme par l'avenue La Bourdonnais.
Cela permet de faire voir aux étrangers l'in-

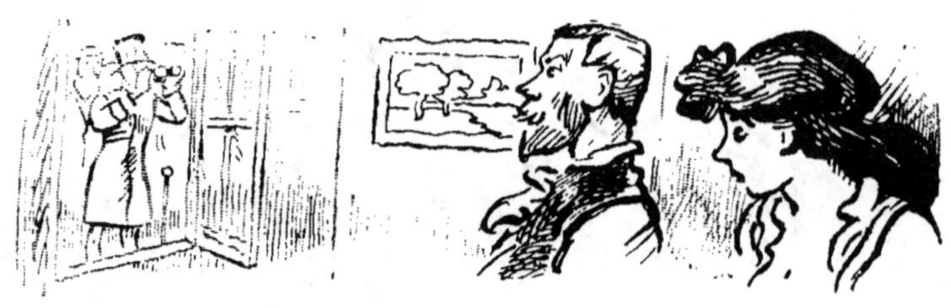

térieur des habitations parisiennes. Beaucoup
de voyageurs n'ont pas de relations à Paris;
ils ont beau y prolonger leur séjour, ils ne
voient que des cafés, des théâtres, des rues,
et cela ne leur donne aucune idée de la vie
de famille. En passant une journée sur la
plate-forme, ils se renseignent sur les mœurs
des habitants.

Seulement, beaucoup de locataires, dans un

esprit d'opposition, font exprès de tenir leurs fenêtres fermées pendant que la plate-forme fonctionne. Je comprends qu'ils ferment la fenêtre de la chambre à coucher, même pendant le jour : c'est peut-être par un sentiment de pudeur respectable. Mais il me semble qu'on pourrait les obliger à laisser ouvertes les autres fenêtres de leur appartement pendant le temps que durera l'Exposition.

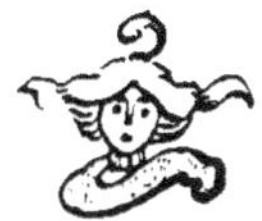

Ce ne serait pas de l'arbitraire. Les maisons de cette avenue peuvent être considérées comme faisant partie de l'Exposition ; et il faudrait que des citoyens eussent bien peu de patriotisme pour refuser de contribuer au succès de l'Exposition, quand on ne leur demande que de se laisser voir dans les différentes occupations de leur vie, eux qui supportent sans rechigner les charges autrement lourdes de l'impôt et du service militaire.

Il y aussi des grincheux qui trouvent toujours matière à se plaindre : à les entendre,

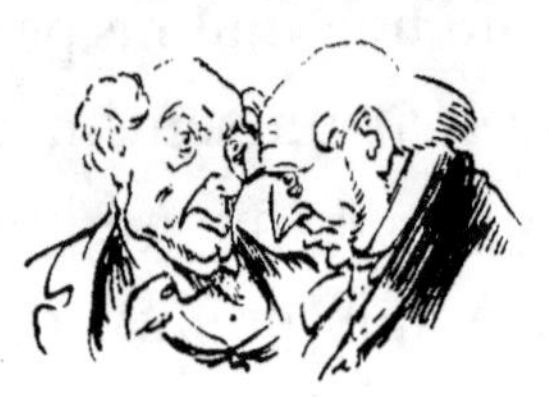

il serait plus fatigant de rester debout que de marcher. Il est inutile de raisonner avec ces gens-là. D'ailleurs, rien n'empêche de marcher sur la plate-forme; on peut même marcher en sens inverse, et si l'on calculait bien son pas, on arriverait à rester exactement à la même place en marchant toute la journée, ce qui est très amusant.

Il est vrai que la plate-forme ne mène pas partout. Mais on a toujours la ressource des fauteuils roulants. Et il n'y a rien d'agréable comme de voir un nègre confortablement assis dans un fauteuil poussé par un pauvre blanc qui sue. Voilà enfin de l'égalité !

Cependant, j'ai été victime d'une fâcheuse aventure. Ces fauteuils ne sont pas couverts. Un jour, j'ai été surpris par la pluie au milieu de l'Exposition. J'ai voulu me réfugier dans les galeries, mais comme il était près de six heures, elles étaient fermées. Je me suis mis sous la tour Eiffel : il y pleuvait aussi. Il m'a fallu une demi-heure pour gagner la porte la plus voisine, où je suis arrivé si mouillé que je n'avais plus d'intérêt à me mettre à l'abri. Mais, si j'avais voulu, j'aurais trouvé pour vingt-cinq francs une voiture découverte.

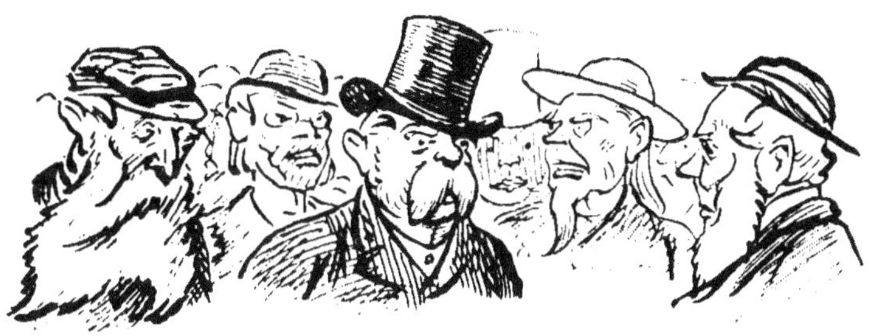

Dans la rue des Nations, on rencontre une foule de gens qui ont des têtes qu'on n'a jamais vues et qui parlent des langues qu'on ne comprend pas. Je suis étonné que dans cette grande œuvre de fraternité internationale il n'y ait pas plus de cordialité entre les visiteurs. Les étrangers ne frayent pas entre eux ni avec les Français ; beaucoup s'en vont sans avoir adressé la parole à personne autre que leurs compagnons de route. Mais, rien qu'à se voir, on se comprend.

Il n'y a qu'un peuple au monde qui ait assez de génie pour faire venir au même endroit autant de gens de tous les pays. La France est d'ailleurs le pays où il y a le plus de nègres et où ils sont le mieux reçus. Je me demande s'il n'est pas imprudent de convoquer ainsi chez soi tous les peuples de l'univers : les étrangers viennent, ils trouvent qu'on est bien, ils font venir leur famille et leurs connaissances, et quand ils se sentiront assez nombreux, ils enverront les Français aux colonies.

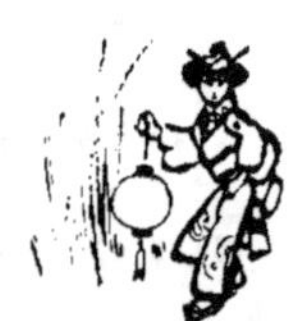

Comme il est facile de reconnaître le caractère d'un peuple à première vue quand on
entre dans son pavillon !

Dans le pavillon des États-Unis, par
exemple, il n'y a rien. Des tables, des chaises,
des journaux, des boîtes aux lettres : c'est
tout. On voit que ces gens-là ne perdent pas
leur temps à des bali-
vernes. Un bureau de
poste bien installé : on
a vu l'Amérique.

Les Anglais, gonflés
d'orgueil, ont peur
qu'on ne vienne pas
beaucoup visiter leur
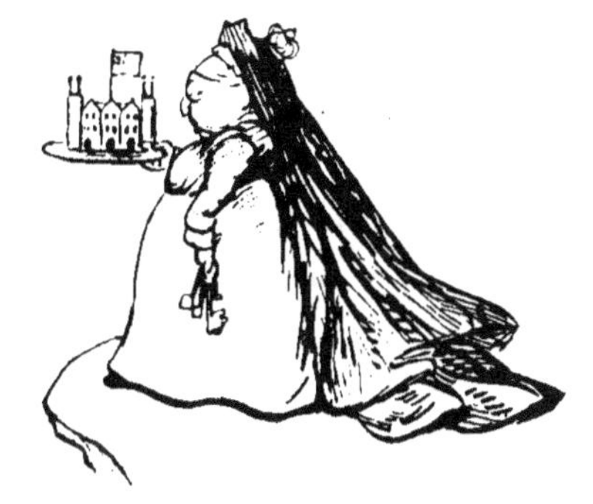
palais, qui d'ailleurs ressemble à une maison
de petit bourgeois de Newhaven. Alors ils ont
mis un gardien devant la porte fermée.

Le gardien dit qu'on va ouvrir, la foule
s'amasse, et il y a des gens assez naïfs pour
faire queue. Ce truc est souvent employé par
les dentistes.

Au pavillon allemand, on a trouvé quelque chose d'ingénieux et de pratique. On y a exposé des chefs-d'œuvre d'art et de goût, venant de France. Seulement, il faut une autorisation pour entrer, et pour avoir l'autorisation il faut faire une demande écrite. Si jamais les Allemands reviennent en France, ils auront ainsi une liste de noms et d'adresses d'amateurs chez qui ils seront sûrs de trouver des objets de prix.

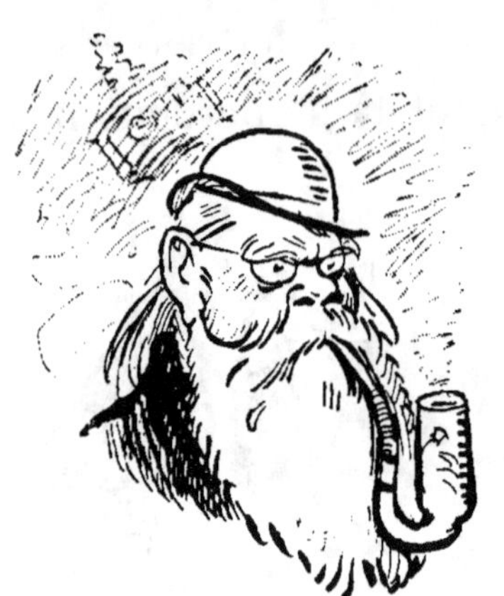

Le palais de Monaco est très original : il n'y a pas une seule carte, si ce n'est des cartes de géographie, et les fauteuils eux-mêmes n'ont pas de roulettes. Mais on y voit beaucoup d'os fracassés par des balles de divers calibres, glorieux débris sans doute que la Principauté conserve en souvenir de sa guerre de l'indépendance.

En déjeunant successivement dans le res-

taurant de chaque nation, on peut comparer
la cuisine de tous les pays et l'on constate que
c'est la même. Il n'y a de différence que dans

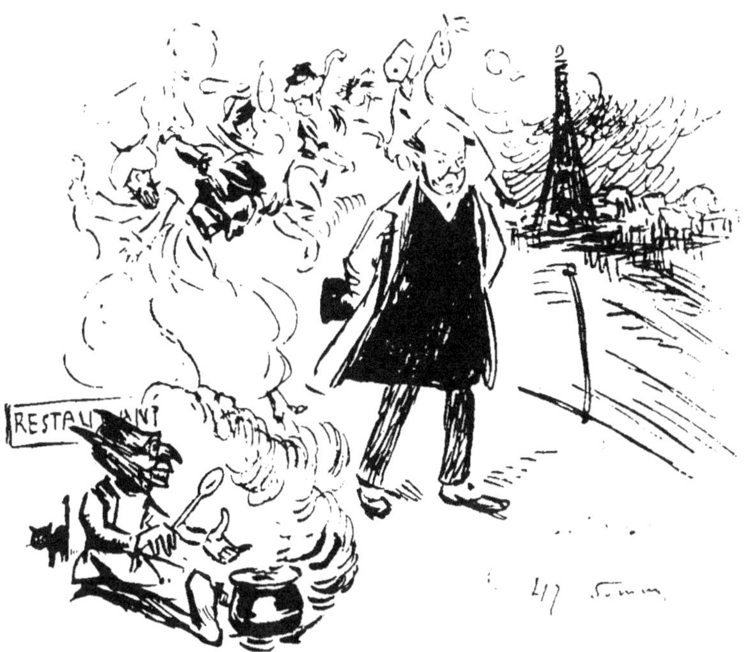

les prix. Les plats nationaux, c'est comme les
costumes nationaux, un vestige, de la féoda-
lité : il n'en faut plus.

Je regrette que chaque restaurant n'ait pas
des danseuses de sa nationalité, comme à la

Feria. Cela pourrait être inscrit dans le cahier des charges.

Ce qui m'a paru le plus faible dans cette série de pavillons, c'est le personnel des exposants. Peut-être cela tient-il à ce que, pendant les années qu'il a fallu consacrer à la préparation de l'Exposition, ces étrangers ont eu le temps de perdre les caractères typiques de leur nationalité, mais il est maintenant difficile de les distinguer les uns des autres. Il y a des Roumains et des Finlandais, des Grecs et des Danois, des Serbes, des Portugais, des Herzégoviniens, des Persans, des Australiens et des Turcs. Ils ont tous l'air belge.

Pour l'observateur qui veut étudier sérieusement l'Exposition, la rue des Nations est une sorte de concours entre souverains. Chaque monarque a fait bâtir un palais qui est un spécimen de l'architecture de son royaume et il y a réuni ce qui se fait de curieux chez lui.

En une demi-journée, on passe tout cela en revue : c'est un cours de civilisation comparée. On voit d'un coup d'œil par quoi chaque État se distingue, à quel degré il est arrivé pour la puissance militaire, le développement de l'instruction et le perfectionnement de l'outillage.

Pour que ce fût tout à fait bien, il aurait fallu que les souverains vinssent eux-mêmes : on les aurait vus travailler dans leurs pavillons respectifs, tenant conseil, distribuant des décorations et saluant le peuple.

A la fin de l'Exposition, il y aurait eu une grande cérémonie, où M. Loubet leur aurait donné des médailles et des diplômes suivant leur mérite, ce qui eût été d'un effet imposant et tout à fait à l'honneur de la République.

Malheureusement, bien qu'ils aient été

invités poliment, ils ne sont pas tous venus, et l'on ne me fera pas croire qu'ils en ont été empêchés par une raison ou par une autre.

La vérité est qu'ils n'ont pas voulu venir, afin de faire une méchanceté à l'Exposition, qu'ils n'aiment pas parce qu'ils sont tous nationalistes.

Mais qu'importe! Il y a tout de même des images, tirées en couleur, où l'on voit devant la Porte Monumentale tous les souverains groupés autour du Président de la République, qui est plus grand qu'eux, chacun occupant son rang et observant une attitude conforme aux règles du protocole.

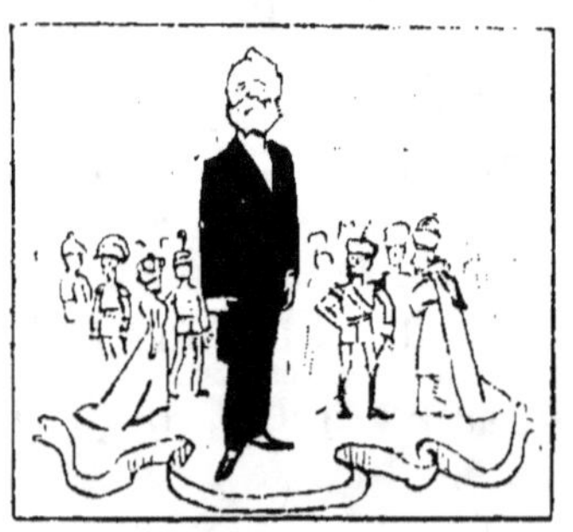

Quand même ils seraient venus, maintenant ils seraient partis, mais l'image
reste.

Quand j'ai envie d'être riche, je vais me
promener dans les galeries des Invalides.
Tous les meubles qui y sont m'appartiennent,
puisque je peux les regarder : leur proprié-
taire n'en ferait pas autre chose. Il est vrai
que je ne m'assois pas dans les fauteuils ; je
m'en garderais bien : quand on est assis dans
un fauteuil, on ne le voit pas, et alors à quoi
sert qu'il soit joli ?

J'ai vu un bureau de 175 000 francs. Il est
simple, mais propre et bien conditionné ;
et comme je ne l'achète pas, il pourrait
coûter encore plus cher sans que j'en sois
gêné.

J'aurais du plaisir à regarder les bijoux,
mais je n'ose pas rester longtemps devant les
vitrines. Il vient toujours une femme qui me
demande de lui faire cadeau d'une rivière de
diamants. Je ne la lui achète pas, mais c'est

toujours ennuyeux de refuser à une petite femme qui est bien gentille, et j'ai peur d'avoir l'air pingre.

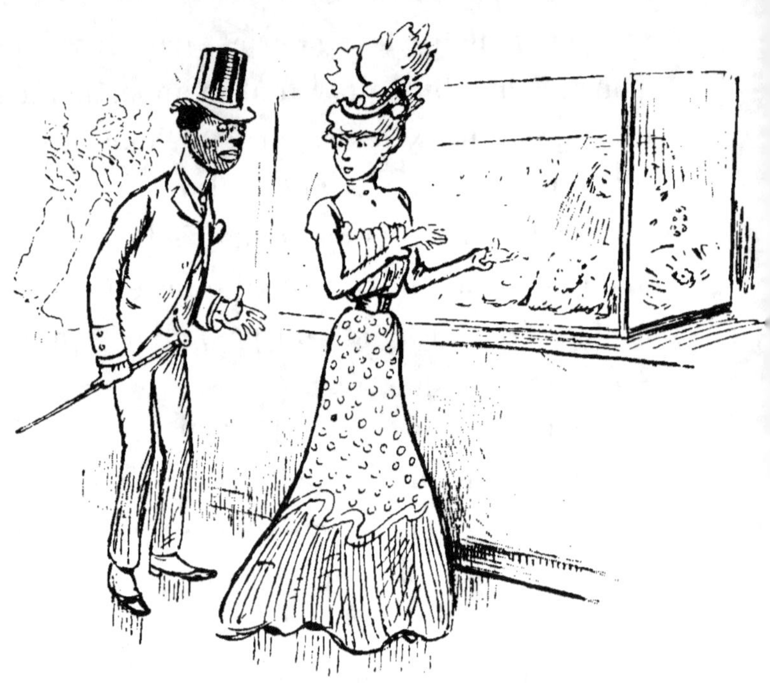

Une bien belle chose, c'est la carte de France en pierres précieuses. Chaque département est représenté, avec sa forme naturelle, par une pierre différente, et les grandes villes par des pierres plus rares. Cent cinquante ouvriers y ont travaillé pendant quatre ans, mais aussi on a obtenu un résultat. A la bonne heure! voilà un cadeau à faire à une nation.

Ces galeries sont pleines des merveilles de l'industrie, mais je ne sais pas si les exposants ont fait une bonne opération. Il y a une foule d'objets : la première fois, je les ai regardés avec plaisir, je les ai revus ensuite avec indifférence, et à la fin j'en avais par-dessus la tête. J'avais tant vu de cristaux, de faïences, d'étoffes, de meubles et de choses d'art que j'en suis dégoûté pour longtemps. Je vais même vendre ceux que j'ai chez moi.

Ce qui est le plus amusant, c'est de regarder les gens qui regardent.

La plupart sont des Anglais. Comment peut-on dire que les Anglais ne sont pas des amis de la France? Ils y sont toujours fourrés. Et s'ils ont réellement le désir qu'on leur prête méchamment de faire de la France une colonie anglaise, cela ne prouve-t il pas jusqu'à l'évidence leur goût pour ce beau pays?

Il y a aussi des Allemands, reconnaissables à ce qu'ils se tiennent par la main, et des Américains, sur lesquels on ne peut pas se tromper : ce sont eux qui achètent.

Quant aux provinciaux, ils se distinguent des Parisiens par la forme de leurs chapeaux. On a pu voir ainsi, sur la tête des maires, une curieuse exposition centennale de la chapellerie.

Il faut d'ailleurs leur rendre justice. C'est grâce à eux que l'Exposition a eu du monde.

On ne peut jamais compter sur les Parisiens, qui ne croient à rien. Ils sont furieux parce que, pendant cinq ou six petites années, on a bouleversé leurs voies de communication, et ils se plaignent de ne pouvoir plus, pendant six mois, trouver de place nulle part. Ils ne comprennent pas que c'est justement ce qui est drôle.

Aussi avais-je pensé qu'il y aurait peut-être avantage à faire les expositions à la campagne, pour punir les Parisiens.

Après chaque exposition, au lieu de démolir les palais, les galeries, les chemins de fer et les plateformes mobiles, les travaux de terras

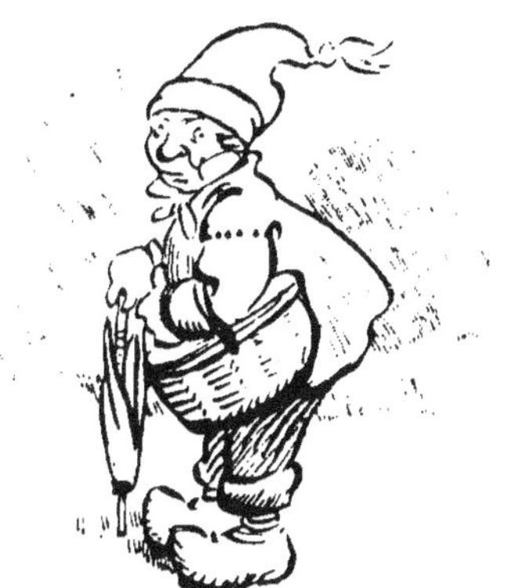

sement, d'égoûts, de canalisation pour l'eau, le gaz et l'électricité, et les tours Eiffel, on en abandonnerait la jouissance aux communes qui auraient fourni leur territoire : elles seraient civilisées du coup. Par surcroît, ce serait un moyen de repeupler les campa

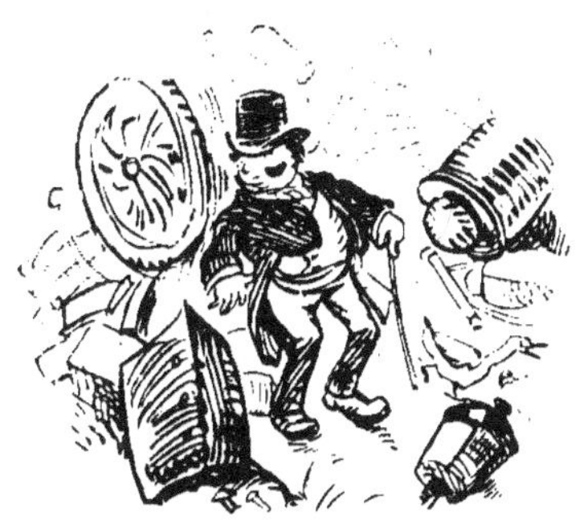

gnes en les bâtissant, et de faire connaître la France aux étrangers, même aux Parisiens.

J'ai dû renoncer à cette idée quand j'ai vu que les visiteurs de l'Exposition ne veulent pas aller même à Vincennes, qui n'est pourtant pas dans le fond des provinces.

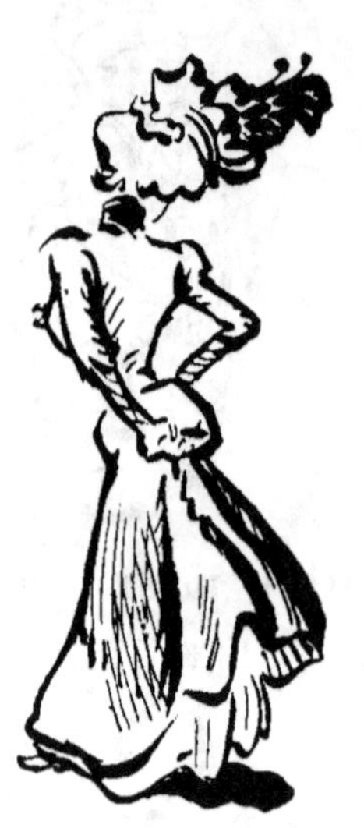

C'est mon remords de n'y être pas allé moi-même. Pendant toute la durée de l'Exposition, je me suis promis d'aller à l'annexe de Vincennes, et je ne me suis pas tenu ma promesse. Il y avait pourtant des trains conduisant à Vincennes; on était même assuré de trouver de la place dans ces trains. Mais c'est comme une fatalité : j'ai toujours eu autre chose à faire.

Ne voyant pas personnellement l'annexe de Vincennes, j'avais espéré m'en faire donner la description par quelqu'un qui l'aurait vue.

Mais de toutes les personnes que j'ai rencontrées, non seulement aucune n'avait vu l'annexe de Vincennes, mais aucune ne connaissait personne qui l'eût vue.

J'aurais voulu du moins savoir quels objets on y a exposés. Les journaux, qui sont pourtant bavards, n'en ont soufflé mot.

Je savais bien que le gouvernement, lorsqu'il veut tenir secrets certains documents, les publie dans de gros volumes bleus que personne ne lit. Mais je trouve plus extraordinaire qu'on ait pu faire, aux portes de Paris, une exposition qui est restée ouverte au public pendant six mois, et que personne ne sache ce qu'il y avait dedans.

En dehors des attractions quotidiennes de l'Exposition, il y a eu des fêtes magnifiques. Les étrangers ne pourront pas se plaindre. Après avoir contemplé les merveilles de la science, de l'art et de l'industrie entassés dans les bâtiments de carton doré qui bordent le fleuve de la capitale, ils ont pu assister à des cérémonies où l'on voyait dans la même salle les membres du gouvernement de la France avec leurs chefs de cabinet, le commissaire général, les ingénieurs et les jurés, tous en redingote et en chapeau haut de forme.

C'est un spectacle qui ne s'oublie pas.

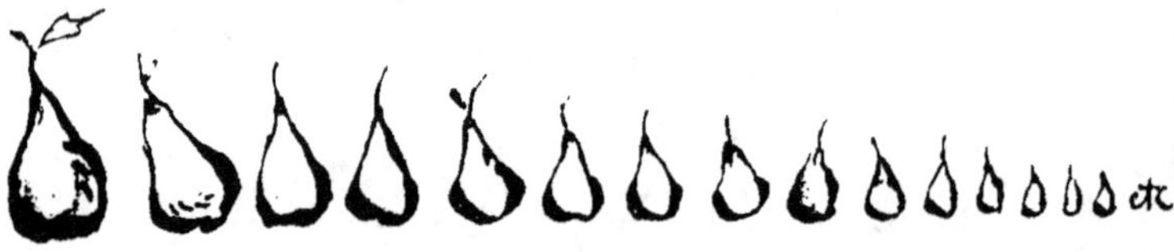

Naturellement, l'armée et la magistrature se sont abstenues : elles sont inféodées aux anciens partis. Mais on s'est amusé tout de même.

Comment ne s'amuserait-on pas dans une salle qui peut contenir vingt mille personnes ?

Malgré tant d'éléments de succès, il s'est produit un phénomène inexplicable : le nombre des entrées est resté inférieur à ce qu'on attendait, et l'on a vu le prix des tickets baisser d'une façon scandaleuse. Je ne comprends pas que le gouvernement n'ait pas empêché cette baisse : il aurait dû fixer un minimum.

Car il est évident pour tout homme de bonne foi que ce sont les ennemis de l'Exposition qui achetaient les tickets cinquante ou soixante centimes et les revendaient trois ou quatre sous pour faire croire que l'Exposition était un four.

Quand les galeries du Champ-de-Mars et des Invalides, les palais et les pavillons des diverses nations sont fermés, il n'y a plus rien à voir dans l'Exposition.

Heureusement, c'est à ce moment-là qu'on l'éclaire, ce qui permet du moins aux visiteurs de se voir les uns les autres.

Pour réaliser un éclairage électrique aussi formidable, il a fallu transformer beaucoup de chevaux-vapeur en potentiel, ce qui nécessite un nombre énorme de volts. Il y a des gens qui préfèrent les ampères. Moi, je suis pour les watts.

Aussi, quand on a vu les fontaines lumineuses, se demande-t-on où s'arrêtera la puissance de notre génie.

Il y a tant de verres de couleur que le

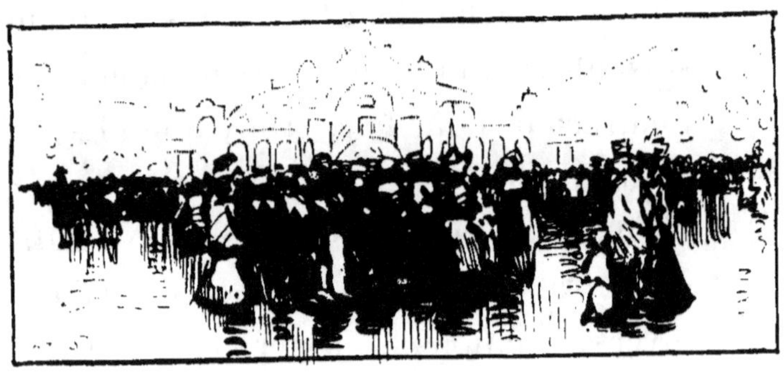

fournisseur lui-même ne peut pas les compter; l'eau qui tombe en cascades ou jaillit en gerbes passe par toutes les nuances de l'arc-en-ciel.

Il n'y a pas à dire. Devant un pareil spectacle, on est fier d'être nègre.

Et puis c'est le soir, on crie, on se bous-

cule, on se tape dans le dos, on se fait des
farces, on consomme des bocks et l'on est
heureux de penser que tous les peuples nous
envient cette grande rigolade de six mois
qui fait enrager les maîtres.

(Traduit du nègre par GASTON BERGERET.*)*

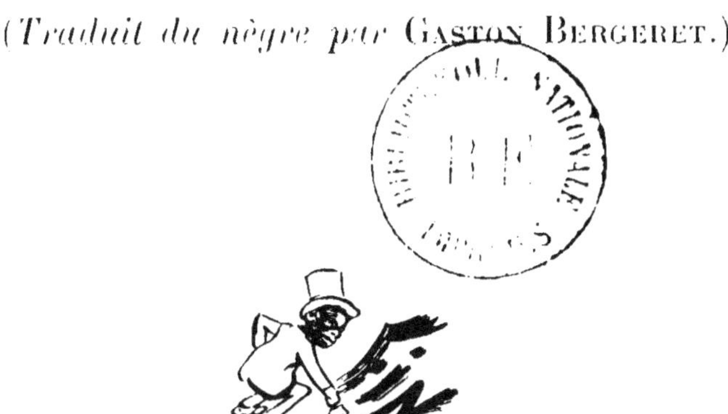

PARIS

IMPRIMERIE GÉNÉRALE LAHURE

9, RUE DE FLEURUS, 9

EN PRÉPARATION

THÉOPHILE GAUTIER

LE

ROMAN DE LA MOMIE

COMPOSITIONS ORIGINALES

DE

A. LUNOIS

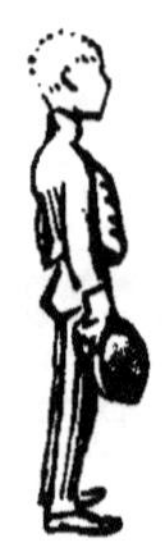